ANALIZA KSIĄŻKI

Don Kichot

· ·

Miguel de Cervantès

ANALIZA KSIĄŻKI

Napisany przez Thibault Boixière
Przetłumaczony przez Kâmil Kowalski

Don Kichot

Miguel de Cervantès

MIGUEL DE CERVANTES

HISZPAŃSKI POWIEŚCIOPISARZ, POETA I DRAMATURG

- **Urodził się w Alcalá de Henares (Madryt) w 1547 r.**
- **Zmarł w Madrycie w 1616 r.**
- **Godne uwagi prace:**
  - *La Galatea* (1585), powieść
  - *Don Kichot* (1605- 1615), powieść
  - *Persiles* (1617), powieść

Urodzony w 1547 roku Miguel de Cervantes Saavedra był hiszpańskim pisarzem, dramaturgiem i poetą, który został zapamiętany jako twórca pierwszej nowoczesnej powieści: *El ingenioso hidalgo Don Quixote de la Mancha (Pomysłowy dżentelmen Don Kichot z La Manchy,* 1605-1615).

Cervantes walczył po stronie katolickiej podczas bitwy pod Lepanto. Podczas podróży powrotnej do Hiszpanii dostał się do niewoli i spędził pięć lat jako niewolnik w Algierze. Małżeństwo i pozycja urzędnika państwowego nie zakończyły jego błędnego życia, ponieważ po niepowodzeniu związku małżeńskiego znów zaczął podróżować i spędził jakiś czas w więzieniu, ponieważ zdefraudował pieniądze, pracując jako poborca podatkowy. Jego kariera literacka rozpoczęła się w 1585 roku i choć jego talent nie został doceniony za życia, Cervantes pozostaje idealnym przykładem literatury burleskowej.

DON KICHOT

RYCERSKIE SZALEŃSTWO WYNIKAJĄCE Z NADMIERNEGO CZYTANIA POWIEŚCI

- **Gatunek:** powieść

- **Wydanie referencyjne:** De Cervantès, M. (Unknown) *Don Quixote*. [Online]. [dostęp 21 grudnia 2015]. Dostępny w: <https://www.jus.uio.no/sisu/don_quixote.miguel_de_cervantes/portrait.a4.pdf>.

- **Pierwsze wydania:** 1605 i 1615 r.

- **Tematy:** szaleństwo, rycerstwo, lektura, parodia, fantasy

Don Kichot to powieść, której pierwsza część została wydana w 1605 roku. Autor udaje, że pierwsze rozdziały pochodzą z Archiwum z La Manchy, a pozostałe zostały przetłumaczone z języka arabskiego przez mauretańskiego autora (Maur nawrócony na katolicyzm): czarodzieja Don Kichota.

Powieść opowiada historię hidalgo Quesady, który przeczytał tyle dzieł literatury pięknej o rycerstwie, że traci rozum: stając się błędnym rycerzem, przemianowanym na Don Kichota, przemierza Hiszpanię na starym koniu Rocinante w towarzystwie swojego giermka Sancho Pansy, biednego i naiwnego chłopa. Rycerz dokonuje wyczynów dla miłości wieśniaczki Dulcynei del Toboso, której nigdy nie pozna. Jego rycerskie szaleństwo sprawia, że młyny zamieniają się w olbrzymy, a chłopki w księżniczki, co staje się przyczyną wielu perypetii.

PODSUMOWANIE

CZĘŚĆ 1

Rozdział 1

Pan Quesada jest hidalgo, który mieszka w wiosce w La Manchy ze swoją guwernantką i siostrzenicą. Większość czasu spędza na czytaniu romansów rycerskich, noc i dzień. Jego głowę wypełniają przygody, bitwy, zaloty i zaklęcia z czytanych książek. Biedak zaczyna tracić rozum i staje się rycerzem-erantem, który szuka przygód i okazji do wyrównania krzywd. Czyści zardzewiałą zbroję, która należała do jego przodków i z entuzjazmem opowiada o swoim wierzchowcu: starym koniu, którego porównuje do Bucefa, konia Aleksandra Wielkiego (król Macedonii, 356 -323 p.n.e.). Chrzci się Don Kichotem, a swojemu koniowi nadaje imię Rocinante. Jedyne co pozostało, aby uczynić go idealnym rycerzem, to dama, w której imieniu będzie wypełniał swoje zadania. Przypomina sobie chłopkę, którą kochał w młodości i nadaje jej imię księżniczka Dulcynea del Toboso.

Rozdziały 2-3

Kiedy przygotowania są już gotowe, Don Kichot nie chce dłużej czekać na realizację swojego projektu, gdyż jest przekonany, że najmniejsza zwłoka pozbawiłaby świat jego tak potrzebnej pomocy, ponieważ uważa, że jest on pełen zniewag, które trzeba spłacić, krzywd, które trzeba naprawić, niesprawiedliwości, które trzeba naprawić, ekscesów, które trzeba skorygować, i długów, które trzeba uhonorować.

Odchodzi i postanawia, że pierwsza napotkana osoba będzie mogła mianować go rycerzem, zgodnie z zasadami jego zakonu. Po zapadnięciu nocy Don Kichot dociera do gospody, przed którą stoją dwie prostytutki, które pomylił z dwiema szlachetnymi damami rozmawiającymi przed zamkiem. Karczmarz, którego pomylił z właścicielem zamku, oferuje mu jedzenie i zgadza się zostać rycerzem.

Rozdział 4

Po wyjściu z gospody Don Kichot występuje jako obrońca sprawiedliwości, biorąc w obronę sługę skarżącego się, że nie otrzymał tego, co mu się należy. Jednak po odejściu Don Kichota pan sługi bije go tym bardziej. Podróżując dalej, Don Kichot wyzywa kupców, by wyznali, że nie ma na świecie damy piękniejszej niż Dulcynea del Toboso. Przygoda przybiera najgorszy obrót i Don Kichot w końcu dostaje lanie.

Rozdziały 5-8

Nie mogąc się podnieść, otrzymuje pomoc od sąsiada, który rozpoznaje go i sprowadza do swojej wioski, gdzie Mikołaj, wikary, jego siostrzenica i guwernantka postanawiają spalić książki, które spowodowały szaleństwo starca. Po powrocie do zdrowia rycerz wyrusza jednak ponownie, wraz z Sancho Pansą, chłopem, którego mianuje swoim giermkiem. Biedak, nieco prostoduszny, towarzyszy mu na osiołku, zadowolony z obietnicy rycerza-erranta, że uczyni go gubernatorem archipelagu.

CZĘŚCI 2 I 3

Rozdziały 9-16

Don Kichot i jego giermek przybywają do gospody, gdzie rycerz uważa się za odbiorcę zalotów od wysoko urodzonej damy, która w rzeczywistości jest służącą zaręczoną ze śpiącym na pobliskiej pryczy muletą. Muślin, nie pochwalając przemówienia Don Kichota do swojej przyjaciółki, bije go. Don Kichot wierzy, że to bicie jest dziełem strasznego olbrzyma wysłanego przez mauretańskiego czarodzieja.

Rozdział 17

Rycerz odmawia zapłacenia karczmarzowi, bo rycerz nigdy nie płaci za wyżywienie i nocleg. Żartownisie mszczą się, umieszczając Sancho w prześcieradle i wysyłając go w powietrze. Dwaj przyjaciele opuszczają to miejsce załamani.

Rozdziały 18

Sancho chce wrócić do domu. Zauważa, że Don Kichot nie odniósł żadnych zwycięstw i ma dość otrzymywania batów zamiast obiecanych terytoriów. Rycerz odpowiada, że te porażki zostały spowodowane przez Czarodzieja.

Rozdziały 19-20

Natrafiają na długi szpaler kapłanów niosących zmarłego na miejsce spoczynku. Rycerz atakuje konwój, gdyż wyobraża sobie, że są to duchy zesłane przez diabła. W trakcie przygody, dzięki inspiracji Sancho, Don Kichot mianuje się Rycerzem

Niegodziwego Oblicza (w innych przekładach bywa nazywany Rycerzem Smutnego Oblicza lub Rycerzem Smutnego Oblicza).

Rozdział 21

Sancho i Don Kichot natykają się na fryzjera, który nosi na głowie swoją miseczkę, by chronić swój nowy kapelusz przed deszczem. Don Kichot jest zachwycony spotkaniem tego rycerza noszącego hełm Mambrino, którego pożąda i zagarnia.

Rozdział 22

Po drodze Don Kichot uwalnia grupę skazańców, którzy mają być wysłani na galery, a za swój czyn zostaje źle podziękowany.

Rozdziały 23-27

Ukrywając się w górach w obawie przed represjami ze strony Świętego Hermandada za uwolnienie skazańców, obaj mężczyźni słyszą o istnieniu Cardenio, szlachcica żyjącego jak dzikus z żalu.

Don Kichot wysyła Sancho do Dulcynei, aby przekazał jej list, który dla niej napisał. Na swojej drodze Sancho spotyka wikariusza i Mikołaja. Wciąż zdecydowani sprowadzić rycerza do wioski, obaj mężczyźni obmyślają plan. Szukając Don Kichota, natrafiają na Cardenio, który opowiada im o Don Fernando, który ukradł jego narzeczoną, Luscindę.

CZĘŚĆ 4

Rozdział 28

Trzej mężczyźni słyszą skargi młodego człowieka ubranego jak chłop. Odkrywają, że młodzieniec ten jest w rzeczywistości młodą kobietą, która przedstawia się jako Dorotea. Została zhańbiona przez Don Fernanda, który obiecał ją poślubić, ale uciekł wczesnym rankiem. Dorotea mówi mężczyznom, że Luscinda nie oddała się Don Fernandowi: w dniu ślubu miała przy sobie list, w którym było napisane, że należy do Cardenio, co uniemożliwiało małżeństwo z Don Fernandem.

Rozdziały 29-31

Cardenio dochodzi do wniosku, że można jeszcze świętować właściwe małżeństwa: Don Fernanda z Dorotą i Luscinda z nim samym. Pozbywszy się emocji, bohaterowie mogą teraz ponownie skupić się na Don Kichocie. Zgodnie z planem wikariusza, który chce sprowadzić Don Kichota do wioski, Dorotea proponuje, że zagra rolę księżniczki, która poprosi rycerza o pomszczenie jej zniewagi, jaką wyrządził jej pewien olbrzym.

Rozdziały 32-39

W drodze do "królestwa księżniczki" wikary, Mikołaj, Cardenio, Dorotea, Sancho i Don Kichot zatrzymują się w gospodzie, w której Sancho został wyrzucony w powietrze za pomocą prześcieradła.

Przybywają tam Luscinda i Don Fernando. Dzięki łzom i wzruszającej mowie Dorotei, Don Fernando zgadza się wreszcie uwolnić Luscindę i poślubić swoje prawdziwe przeznaczenie: Doroteą.

Rozdziały 40-47

Aby Dorotea mogła porzucić swoją rolę i kontynuować podróż bez nich, Mikołaj i wikary więżą rycerza w klatce na rydwanie, który ma go sprowadzić do wioski.

Rozdziały 48-52

Po drodze Don Kichot prosi o opuszczenie klatki, by załatwić swoje potrzeby, gdy obok przechodzi procesja pokutników, niosących na ramionach figurę Dziewicy. Biegnie do nich, sądząc, że porywają szlachetną damę. Rycerz uchodzi z potyczki ze złamanym kręgosłupem, a Sancho udaje się go przekonać do powrotu do wioski. Don Kichot, uznając, że los jest przeciwko niemu, zgadza się. Ledwie jednak dotarł na miejsce, gdy wyrusza po raz trzeci, na chwalebny wypad, zgodnie z tradycją La Manchy.

STUDIUM POSTACI

DON KICHOT I SANCHO PANZA

Don Kichot jest głównym bohaterem powieści. Prosty hidalgo, spędza większość czasu na czytaniu romansów rycerskich, do tego stopnia, że prawie zapomina o zarządzaniu swoim majątkiem i polowaniu. Jego umysł jest skażony tymi przygodami, aktami uprzejmości, ranami, historiami miłosnymi, jousts, zaklęciami, kłótniami, bitwami i wyzwaniami obfitującymi w tych książkach. Traci rozum i postanawia zostać rycerzem-erotą. To właśnie w tym momencie, kiedy postanawia zostać rycerzem i przyjmuje imię Don Kichota, postać ta staje się bohaterem powieści. Aby dopasować się do opisów rycerzy z jego powieści, sprawia sobie zbroję z zardzewiałymi elementami, dostaje konia, którego nazywa Rocinante, choć jest to koń ledwo zdolny do galopu, oraz znajduje sobie damę do uwielbienia, a mianowicie siermiężną chłopkę, którą chrzci jako księżniczkę Dulcyneę del Toboso.

Rycerz-erotyk, Don Kichot de la Mancha, oblewa hidalgo Quesadę (jego dokładne nazwisko nie jest znane; może to być Quijada, Quijana lub Quijano). Wikary, cyrulik Mikołaj, jego siostrzenica i guwernantka próbują go przekonać, ale bezskutecznie. Don Kichot istnieje tylko dla swojego osobliwego szaleństwa, wywodzącego się z jego romańskich i rycerskich ideałów.

Jego szaleństwo jest pragmatyczne, gdyż kilkakrotnie pokazuje, że potrafi dostosować prawa rycerskie do realnego świata. Tak jest na przykład, gdy uznaje za dopuszczalne bycie rycerzem przez pierwszą napotkaną osobę. Kilkakrotnie napotkane osoby świadczą o rozsądku i wysokiej inteligencji Don Kichota, gdy sprawa, o którą chodzi, nie ma nic wspólnego z rycerstwem.

Charakter Don Kichota znajduje swoje dopełnienie dopiero w nierozerwalnym duecie, jaki tworzy z Sancho Pansą. Ten ostatni jest niezbędny do ukonstytuowania się Don Kichota i w równym stopniu jest odwrotnie.

Sancho, zgodnie z życzeniem swego pana, zostaje giermkiem, nie zapominając jednak o tym, kim jest naprawdę, czyli człowiekiem strachliwym, lubiącym jedzenie, gadatliwym i niepokornym.

Don Kichot i jego giermek Sancho są jednocześnie podobni i różni. Ich podobieństwo polega na tym, że ich rozum jest zmieniony: szaleństwo jednego i słabość drugiego uniemożliwiają im prawidłową ocenę otaczającego ich świata. Jeśli chodzi o różnice między nimi, można powiedzieć, że Don Kichot jest idealnym przeciwieństwem Sancho i odwrotnie.

Istnieje wyraźna opozycja pomiędzy:

- Ignorancja i kultura.

- Szaleństwo i poczucie rzeczywistości.

- Język typowy dla języka chłopów oraz język szlachecki i górnolotny podobny do tego, który można znaleźć w romansach rycerskich.

- Pogarda dla wszystkiego, co związane z naturalnymi potrzebami ludzkiego organizmu (jedzenie, picie, odpoczynek, sen itp.) i dbałość o zachowanie dobrego zdrowia.

- Alegoria karnawału i wielkiego postu. Nazwisko rodowe Sancho (Panza) oznacza po hiszpańsku "brzuch", a jego imię symbolizuje świnię, którą mieszkańcy zwykli jeść z okazji karnawału. Aluzje te powtarzają się w budowie ciała, którą Cervantes przypisał tej postaci, gdyż jest ona opisana jako mały grubasek. I odwrotnie, Don Kichot, wysoki i szczupły mężczyzna, odzwierciedlenie autorytetu i prawa, uosabia post, który następuje po okresie karnawału (Tran-Gervat, 2006: 46).

Wreszcie, po tak długim czasie spędzonym razem, Don Kichot i Sancho Panza ocierają się o siebie: pragmatyzm giermka wpływa czasem na jego pana, który z kolei często skłania naiwnego pomocnika do uwierzenia w jego halucynacje.

ANALIZA

SIŁA FIKCJI

Głównym zagadnieniem powieści jest kwestia siły fikcji i nie-bezpieczeństwa, jakie stanowi ona dla słabych duchów.

Szaleństwo Don Kichota polega na tym, że myli on wizualne reprezentacje budowane przez wyobraźnię z prawdą. Zakotwicza wyimaginowane wizje generowane przez opisy powieści w realnym świecie i czyni je przedmiotem historii opowiedzianej w książkach.

W jego mniemaniu istnieje ścisła zgodność między przedmiotem a przedstawieniem, między rzeczywistością a fikcją. Don Kichot zaprzecza, że literatura (i cała sztuka) jest obrazem świata, a nie światem takim, jakim on jest. To pomieszanie generuje halucynacje wzrokowe, które powodują, że myli on karczmy z zamkami, chłopki ze szlachciankami, a wiatraki z olbrzymami. Gdy rycerz zmuszony jest uznać, że padł ofiarą iluzji, na przykład gdy wojska okazują się być stadem owiec, przypisuje swoją pomyłkę interwencji czarodziejów (istot, które według Don Kichota wciąż ukazują świat jako banalny i zwyczajny, a także ogołacają go ze wszystkich elementów, które umożliwiają przygodę rycerza: olbrzymów, wojsk itp.) Wyobraźnia tworzy więc własne fikcyjne twory: w konsekwencji jest wszechmocna, bo wystarczy, że jest spójna według własnych kryteriów prawdziwości, a nie posługuje się zewnętrznym celem jako punktem odniesienia. Funkcjonuje poza wszelką racjonalną krytyczną oceną.

PANI

Postać ta ilustruje charakterystyczne dla romańskiego szaleństwa Don Kichota przychodzenie i odchodzenie między wyobrażeniem a prawdą. Tworzy on księżniczkę dzięki sile swojej wyobraźni, która internalizuje wszystkie mentalne obrazy damy z romansów rycerskich. Jest ona głównym obiektem jego rycerskiego szaleństwa, ale wskazuje też na ambiwalencję i odwracalność tego szaleństwa:

> *"W ten sam sposób, Sancho, za wszystko, czego chcę z Dulcyneą del Toboso, jest ona równie dobra jak najbardziej wywyższona księżniczka na ziemi. [...] Myślisz, że Amarylisy, Filemondy, Sylwetki, Diany, Galatele, Filidy i cała reszta, których pełne są książki, ballady, zakłady fryzjerskie, teatry, były naprawdę i prawdziwie damami z krwi i kości, i kochankami tych, którzy je gloryfikują i gloryfikowali? Nic z tych rzeczy; wymyślają je tylko po to, by dostarczyć tematu do swoich wierszy, i by mogły uchodzić za kochanki, lub za mężczyzn wystarczająco odważnych, by nimi być; a więc wystarczy, że pomyślę i uwierzę, że dobra Aldonza Lorenzo jest uczciwa i cnotliwa; a co do jej rodowodu, to jest to bardzo mało istotne, [...] a ja ze swej strony uważam ją za najbardziej wywyższoną księżniczkę na świecie. [...] a żeby to wszystko ująć, przekonuję się, że wszystko, co mówię, jest takie, jak mówię, ani mniej, ani więcej, i wyobrażam ją sobie w wyobraźni tak, jak bym chciał, żeby była [...]" (s. 187-188).*

Don Kichot jasno widzi, co reprezentuje dla niego Dulcynea. Świadomie każe Aldonzie Lorenzo poddać się poetyckiej idealizacji. Choć przez większość czasu Don Kichot jawi się jako szaleniec, który uważa się za rycerza, tutaj jest poetą, który świadomie pozwala sobie uwierzyć w lepszy świat.

Niemniej jednak ta przenikliwość zdaje się go opuszczać w trakcie powieści; w istocie, przez całą historię energicznie potwierdza on istnienie swojej idealnej pani. Tę sprzeczną postawę tłumaczy podwójny ruch: ruch iluzoryczny i ruch poetycki.

- Rycerz działa w sposób absurdalny na podstawie błędnego postrzegania rzeczywistości, w której Aldonza jest delikatną księżniczką. Don Kichot ma niewyczerpaną zdolność znajdowania w wyobraźni motywów swoich działań: chce odbyć pokutę za miłość w Sierra Morena, pragnie, aby wszyscy napotkani ludzie rozpoznali jego panią itp.

- Dulcynea pełni funkcję metaforyczną, która umożliwia Don Kichotowi duchowe zrealizowanie jego poetyckiej furory. Ona stanowi przestrzeń jasnowidzenia, w której dżentelmen jest świadomy własnej fikcji. Dulcynea zawsze istnieje w tym poetyckim świecie, przynajmniej o tyle, o ile jest metaforą ducha rycerstwa, zgodnie ze sposobem reprezentacji świata starożytnego, w którym metafora ma głębszą prawdę i w którym słowa są bezpośrednio związane z przedmiotami. Natomiast w sposobie reprezentacji świata nowoczesnego słowa nie są już związane z realnym światem, co oznacza, że Dulcynea znów jest niczym innym jak siermiężną wieśniaczką, zamiast być motywacją, która uzbraja rycerza idącego do walki.

- Don Kichot jest więc nie tylko idealistycznym głupcem, ale także osobą, która próbuje zjednoczyć starożytny świat wyobrażony ze światem współczesnym. Rycerz może być interpretowany jako postać romantyczna, która dzięki wyłącznej mocy swojej wyobraźni na nowo napełnia odczarowany świat czarami. Kiedy Sancho relacjonuje swoją udawaną wizytę u Dulcynei, Don Kichot zamienia błahe sprawozdanie w opowieść, która – jak chce – ma być źródłem niezwykłości.

ŚMIECH

W tej pracy można wyróżnić kilka rodzajów śmiechu:

- Śmiech wyższości. Kiedy Don Kichot i Sancho odkrywają prawdziwą przyczynę przerażającego hałasu, który nie dawał im spać przez całą noc, a mianowicie młyn do obijania, Sancho wybucha śmiechem, jednocześnie obracając swojego pana w drwiny za pomocą parodystycznego dyskursu. Zapożycza on heroiczną mowę Don Kichota ("Musisz wiedzieć, przyjacielu Sancho, że z woli nieba urodziłem się w tym naszym żelaznym wieku, aby wskrzesić w nim wiek złoty" itd. s. 147), nawet jej nie modyfikując: wyrwana z dramatycznego kontekstu (narażenie na najstraszniejsze niebezpieczeństwa), staje się śmieszna (najstraszniejsze niebezpieczeństwa to nic innego jak młyny). Sancho przestaje grać swoją rolę, zapominając o swojej randze i przyjmując postawę wyższości wobec swojego pana, który spadł z wyżyn swojej heroicznej wyobraźni, podczas gdy Sancho pozostaje mocno osadzony na nogach. Podobnie czytelnicy śmieją się z szaleństwa Don Kichota, aby upewnić się o swojej wyższości nad rycerzem: czytelnicy śmieją się z postaci, która jest szalona, co pokazuje, że nie są, inaczej nie śmialiby się.

- Karnawałowy śmiech. Kiedy Sancho widzi wikariusza i cyrulika przybywających w przebraniu odpowiednio księżniczki w opałach i służącego, wybucha spontanicznym i radosnym śmiechem. Nie śmieje się, aby ustanowić rozsądny dystans między tymi dwoma mężczyznami a sobą. Jest to śmiech karnawałowy, który ma wymiar witalny i regeneracyjny. Hiszpania Złotego Wieku była społeczeństwem silnie zhierarchizowanym, podlegającym cenzurze i inkwizycji; śmiech w tej ograniczającej przestrzeni społecznej był więc formą wolności. Cervantes wprowadził do swoich dzieł elementy ludowe i popularne, aby stworzyć miejsce spotkania między powagą a śmiechem, między prawem a jego przekroczeniem, między hierarchią a jej obaleniem: prosty pan ze wsi obala klasy społeczne, przywłaszczając sobie "Don" arystokracji. Pretekstem do tego spotkania jest szaleństwo, które nie respektuje żadnych granic, podobnie jak karnawał. To właśnie dzięki temu, że jest szalony, Don Kichot wymyka się potępieniu. Bariery społeczne zostają podważone również w relacji pana i giermka, gdyż stają się oni wspólnikami. Giermek jest gadatliwy i bezczelny, a jego pan nie karze go. Powieść Cervantesa to uczta generująca radość i rozrywkę.

- Śmiech z wiedzy. Śmiejemy się tak samo z niedopasowania wyobraźni Don Kichota do obiektywnej rzeczywistości i jego chęci wskrzeszenia szlachetnych wartości rycerskich, jak i z niezdolności współczesnego społeczeństwa arystokratycznego do sprostania tym wartościom, z których samo korzysta: Przywłaszczenie przez Don Kichota tytułu, do którego nie ma prawa, jest śmieszne, ale tak samo śmieszni są chrześcijanie, których to przywłaszczenie obraża, bo muszą sobie uświadomić, że szaleniec jako jedyny tak skrupulatnie respektuje wartości bronione przez Kościół. Należy więc zauważyć, że prawdy są wymienne w zależności od przyjętej perspektywy. Zasadniczo ludzki wymiar humoru cervantiańskiego ukazany jest poprzez prawdziwe przedstawienie natury ludzkiej, która rozumiana jest w swojej złożoności, a także w swojej szlachetności, jak i w swojej podłości. Śmiech humanisty podkreśla względność wszystkiego, co ludzkie.

Chce być współczujący dla drugiego, jasnowidzący i złożony z samozaparcia. Śmiech konserwatywny jest formą mądrości. Jednak podkreślenie próżności ludzkiej kondycji zostaje przekroczone przez gloryfikację śmiechu, który jest typowo ludzką cechą.

- Śmiech związany z parodią. Parodia to naśladowanie dzieła literackiego, które można obrócić w szyderstwo, co oczywiście wywołuje śmiech.

> *"I tej nocy odejdzie od swej pani, księżniczki, przy kracie komnaty, gdzie ona śpi, która wychodzi na ogród i przy której już wiele razy z nią rozmawiał, a pośrednikiem i powiernikiem w tej sprawie jest dama, której księżniczka bardzo ufa. On będzie wzdychał, ona będzie mdlała, dama przyniesie wodę, bardzo strapiona, bo zbliża się ranek, a dla honoru swej pani nie chciałby, aby ich odkryto" (s. 154).*

Don Kichot, chcąc streścić romanse rycerskie na użytek Sancho, w rzeczywistości zamienia je w parodię, choć jego celem była gloryfikacja gatunku. Pokazuje te rycerskie opowieści jako schematyczne, mechaniczne i sztuczne. Określa ulubione książki jako masę nadużywanych i przewidywalnych miejsc wspólnych, podczas gdy sam chce je celebrować. Epicki opis dwóch armii, które w rzeczywistości są niczym innym jak stadami owiec (rozdział 18) również jest demonstracją stylu parodystycznego; dokładniej w tym przypadku jest to parodia gatunku epickiego;

- Burleska. Jest to rodzaj komedii, która opiera się na rozdźwięku między wielkością a trywialnością. Styl ten można odnaleźć w opowiadaniu przez Sancho o bohaterskich czynach swojego pana i jego modeli, własnymi grubymi słowami.

MNOGOŚĆ JĘZYKOWA

Ta powieść to prawdziwa językowa przygoda:

> *"Poprzez podróż i ciągły dialog dwóch postaci, cała literatura, wszystkie style dyskursu, wszystkie rejestry języka, od obelg do powiedzeń, od uwag skatologicznych do poetyckich rozmów, są oferowane do rozważenia przez czytelnika" (Tran-Gervat, 2006: 48).*

Giermek i rycerz mają swój własny język i na początku mają problemy ze zrozumieniem się: jeden używa języka archaicznego i górnolotnego, drugi przysłowiowego żargonu, który jest nieco przyciężki. Jednak stopniowo, każdy z nich stara się pokonać barierę niezrozumienia.

W swojej powieści Cervantes bada różnorodność języka hiszpańskiego dzięki dyskursowi postaci, które spotykają bohaterowie: pasterzy, złodziei, karczmarzy, prostytutek, chłopów, panów, członków kleru itp.

Parodia, burleska i gatunki heroikomiczne, do których należy powieść, mają również konsekwencje stylistyczne. W twórczości Cervantesa niektóre fragmenty są typowe dla romansów rycerskich, inne dla powieści pasterskich, romansów czy dzieł poetyckich.

DALSZA REFLEKSJA

KILKA PYTAŃ DO PRZEMYŚLENIA...

- *Don Kichot* był przedmiotem wielu adaptacji kinowych. W jednym z tych filmów przeanalizuj sposób przedstawienia słynnej sceny z młynami.

- Znajdź fragment *Don Kichota,* w którym szczególnie widoczny jest heroikomiczny styl powieści.

- Jaki był główny zamiar autora, gdy pisał *Don Kichota*?

- W jaki sposób *"Purpurowa róża z Kairu"* (1984), film Woody'ego Allena (amerykański reżyser i aktor, ur. w 1935 r.), jest reprezentatywny dla sukcesu ekranowego bohatera-cyborga?

- Dulcynea jest typową bohaterką literatury pięknej. Skomentuj to stwierdzenie.

- Czy uważasz powieść Cervantesa za odę do przyjaźni?

- Jak interpretowano postać *Don Kichota* w XIX wieku?

- Jakie związki można ustalić między powieścią Charlesa Sorela (pisarz francuski, 1582-1674) *Le Berger Extravagant* a *Don Kichotem*?

- Wskaż innego bohatera antypowieści i romańskiego szaleństwa i porównaj tę postać z Don Kichotem.

- Teatr, malarstwo, muzyka, balet itp. zapożyczyły tego rycerza-erranta jako motyw przewodni. Twoim zdaniem, dlaczego dzieło Cervantesa miało taki wpływ na całą sztukę?

DALSZE CZYTANIE

WYDANIE REFERENCYJNE

De Cervantès, M. (Nieznany) *Don Kichot*. [Online]. [dostęp 21 grudnia 2015]. Dostępny w: <https://www.jus.uio.no/sisu/don_quixote.miguel_de_cervantes/portrait.a4.pdf>.

BADANIA REFERENCYJNE

Tran-Gervat, Y-M. (2006) *Don Quichotte*. Bréal : Paris.

ADAPTACJE

Don Kichot. (2000) [film telewizyjny]. Peter Yates. Dir. USA: Hallmark Entertainment.

El Quijote de Miguel de Cervantes. (1992) [serial telewizyjny]. Manuel Gutiérrez Aragón. Dir. Hiszpania: Televisión Española.

Chcemy usłyszeć od Ciebie, co się dzieje!
Zostaw komentarz na temat swojej internetowej biblioteki
i podziel się swoimi ulubionymi książkami w mediach społecznościowych!

Dlaczego warto wybrać Must Read?

Dowiedz się wszystkiego, co musisz wiedzieć o książce dzięki naszym zwięzłym i dogłębnym streszczeniom i analizom!

Odkryj to, co najlepsze w literaturze w zupełnie nowym świetle!

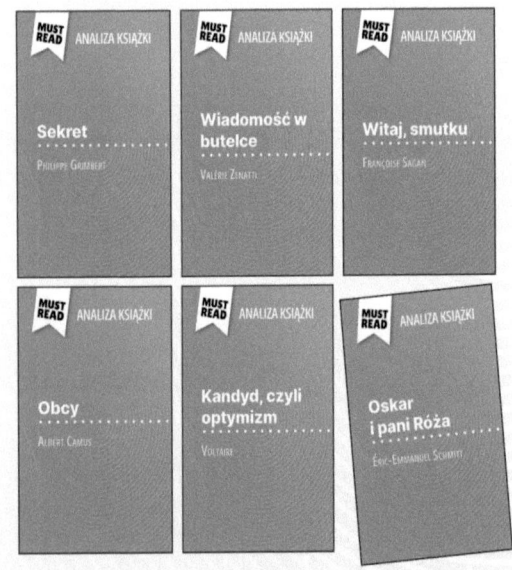

www.50minutes.com

Master ISBN: 9782808694773
Papierowy ISBN: 9782808616171
Depozyt prawny: D/2023/12603/1897

Verhaal: © Primento

Projekt cyfrowy: Primento, cyfrowy partner wydawców.